Sip & Solve

SUDOKU

MICHAEL RIOS

Sterling Publishing Co., Inc.
New York

4   6   8   10   9   7   5   3

Published by Sterling Publishing Co., Inc.
387 Park Avenue South, New York, NY 10016
© 2005 by Michael Rios
Distributed in Canada by Sterling Publishing
c/o Canadian Manda Group, 165 Dufferin Street
Toronto, Ontario, Canada M6K 3H6
Distributed in the United Kingdom by GMC Distribution Services
Castle Place, 166 High Street, Lewes, East Sussex, England BN7 1XU
Distributed in Australia by Capricorn Link (Australia) Pty. Ltd.
P.O. Box 704, Windsor, NSW 2756, Australia

Sterling ISBN 13: 978-1-4027-3594-3
ISBN 10: 1-4027-3594-4

For information about custom editions, special sales, premium and
corporate purchases, please contact Sterling Special Sales
Department at 800-805-5489 or specialsales@sterlingpub.com.

Contents

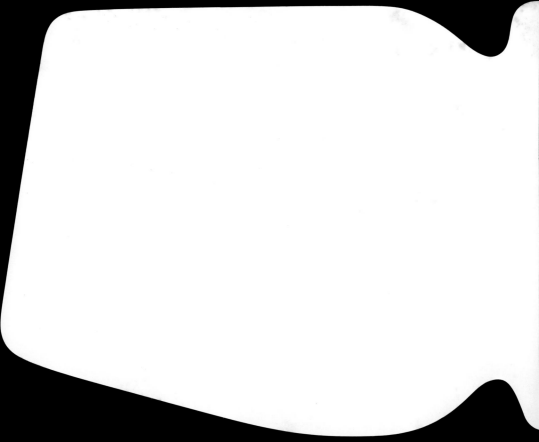

Introduction

To solve sudoku puzzles, all you need to know is this one simple rule:

Fill in the boxes so that each of the nine rows, each of the nine columns, and each of the nine 3x3 sections contain all the numbers from 1 to 9.

	A	B	C	D	E	F	G	H	I
J									
K					2		1	8	4
L	9		5		7		2		6
M	1		4	3	9	2		7	
N				7		6			
O		7		1	4	8	9		2
P	3		2		6		8		5
Q	8	4	9		3				
R									

And that's all there is to it! Using these simple rules, let's see how far we get on this sample puzzle at right. (The letters at the top and left edges of the puzzle are for reference only; you won't see them in the regular puzzles.)

The first number that can be filled in is an obvious one: box EN is the only blank box in the center 3x3 section, and all the digits 1 through 9 are represented except for 5. EN must be 5.

The next box is a little trickier to discover. Consider the upper left 3x3 section of the puzzle. Where can a 4 go? It can't go in AK, BK, or CK because row K already has a 4 at IK. It can't go in BJ or BL because column B already has a 4 at BQ. It can't go in CJ because column C already has a 4 at CM. So it must go in AJ.

Another box in that same section that can now be filled is BJ. A 2 can't go in AK, BK, or CK due to the 2 at EK. The 2 at GL rules out a 2 at BL. And the 2 at CP means that a 2 can't go in CJ. So BJ must contain the 2. It is worth noting that this 2 couldn't have been placed without the 4 at AJ in place. Many of the puzzles rely on this type of steppingstone behavior.

We now have a grid as shown.

Let's examine column A. There are four blank boxes in column A; in which blank box must the 2 be placed? It can't be AK because of the 2 in EK (and the 2 in BJ). It can't be AO because of the 2 in IO. It can't be AR because of the 2 in CP. Thus, it must be AN that has the 2.

By the 9's in AL, EM, and CQ, box BN must be 9. Do you see how?

We can now determine the value for box IM. Looking at row M and then column I, we find all the digits 1 through 9 are represented but 8. IM must be 8.

This brief example of some of the techniques leaves us with the grid at right.

You should now be able to use what you learned to fill in CN followed by BL, then HL followed by DL and FL.

	A	B	C	D	E	F	G	H	I
J	4	2							
K					2		1	8	4
L	9		5		7		2		6
M	1		4	3	9	2		7	8
N	2	9		7	5	6			
O		7		1	4	8	9		2
P	3		2		6		8		5
Q	8	4	9		3				
R									

As you keep going through this puzzle, you'll find it gets easier as you fill in more. And as you keep working through the puzzles in this book, you'll find it gets easier and more fun each time. The final answer is shown at left.

—Michael Rios

	A	B	C	D	E	F	G	H	I
J	4	2	1	6	8	3	5	9	7
K	7	3	6	5	2	9	1	8	4
L	9	8	5	4	7	1	2	3	6
M	1	5	4	3	9	2	6	7	8
N	2	9	8	7	5	6	4	1	3
O	6	7	3	1	4	8	9	5	2
P	3	1	2	9	6	7	8	4	5
Q	8	4	9	2	3	5	7	6	1
R	5	6	7	8	1	4	3	2	9

6					5	9		
8				2	3	6		4
			9				1	
	8					5		3
		5	1		7	8		
9		3					7	
	9			7				
7		8	9	4				6
		1	8					7

Answer, page 84

4			2				7	
		3			7		1	
8			6	3		4		
	8		1	6		2		4
	9						8	
5		2		9	8		3	
		6		1	3			9
	3		5			8		
	5				2			7

Answer, page 84

9	6		3	7			1	8
			8	5		7		3
		3	2					
					8			2
	5			1			8	
2			6					
					7	4		
3		7		6	5			
4	1			2	3		7	6

Answer, page 84

9					5			
			3		8		4	1
				1		9		7
4	5				2		7	8
	2			5			9	
3	9		7				5	6
2		1		6				
6	7		4		3			
			1					9

Answer, page 84

	2	1	6				5	9
3							6	
	4		1		9	2		
		2	7				4	
	7			8			9	
	8				3	7		
		9	3		6		7	
	3							4
5	6				8	9	1	

Answer, page 84

		3						
6			4		3			
		8	2			3	1	6
	7		1	8				
	6	4	3		2	1	9	
				5	6		3	
9	1	6			5	8		
			6		1			5
						4		

Answer, page 84

8	6			5		3		
2	5		8			6	4	
	4	6	5	7		8		
		9		1		4		
		3		6	4	2	5	
	3	8			7		2	4
		5		8			7	6

14

Answer, page 85

	7		1	4				3
9						2		
1		5			9		6	
	5	8	9	2	1			
			8	3	5	1	7	
	1		2			6		8
		9						7
5				9	3		1	

15

Answer, page 85

	8		9	5			3	7
			6			9		
9	7			1		2		
5		3		8				
	9						1	
				4		6		3
		9		3			5	2
		8			1			
3	5			2	8		7	

Answer, page 85

1	3			8				
				5	1		7	9
				9			6	8
	1					9		6
9	8						4	1
7		2					8	
6	2			1				
3	9		8	7				
				6			9	5

Answer, page 85

	1		4		6		8	7
				8		6		
		5				2		
	4			7	2			5
	9	7		3		4	2	
5			9	4			6	
		4				5		
		1		9				
8	5		7		3		9	

Answer, page 85

2			7					
	4		1			2		8
		8		3	2			
5			9		3	6	1	
9								3
	1	3	6		8			5
			3	2		8		
7		9			6		4	
					5			1

19

Answer, page 85

9	8		5	2		7		6
								9
3		7					4	8
				9	6	4		5
			1		5			
5		6	2	4				
6	4					8		7
2								
7		3		8	9		1	2

Answer, page 86

	8	1	2		5			
4					1	9		
		5		9		2		8
		4		3	2		9	
	6		8	7		1		
2		7		4		6		
		9	5					7
			3		7	5	2	

21

Answer, page 86

				7	4			5
8		5						
		7	5		9		8	1
5	6				8			9
9								6
7			6				1	4
4	8		9		5	7		
						4		2
2			4	3				

Answer, page 86

9						3		
		3		4		9	7	5
6					7		4	
					8			4
1	9	5				8	6	2
4			5					
	2		8					7
3	4	9		5		2		
		1						9

23

Answer, page 86

	8		5			7		2
4			2		9			3
3								9
	1			2	3	5		
				7				
		7	9	4			8	
7								8
8			1		6			5
9		2			7		1	

Answer, page 86

9		1			5	7		
	4	5					6	9
7				6				
					3			4
	1		8		4		7	
4			2					
				9				3
2	5					1	9	
		4	7			5		8

25

Answer, page 86

26

Answer, page 87

5								8
						5	6	
		2	5	7	6		4	3
8	2			6				
				2				
				3			7	1
9	1		3	4	7	6		
	4	3						
2								5

Answer, page 87

28

Answer, page 87

3	2							
		6	8	5				
	5	4		1				
	6				5		8	3
5			4	7	8			9
4	8		3				2	
				3		2	5	
				9	4	1		
							4	6

Answer, page 87

8			4	6		3		5
	6		7		3	1	8	
		8					2	3
2				7				9
7	4					8		
	3	2	1		7		4	
9		7		5	4			1

Answer, page 87

	6	2					7	
3	7		2				4	5
								6
7		9	6		1			
5								4
			4		5	3		7
9								
6	2				7		3	8
	8					4	6	

31

Answer, page 87

		1					9	
5				3	4		7	
		6		8			4	3
8							2	1
		3		6		9		
4	2							7
6	3			4		5		
	1		8	2				9
	8					7		

Answer, page 88

			4	5			7	3
2		3			1			
					2		4	
4								8
	7	8		9		4	3	
1								9
	9		2					
			7			3		1
6	1			4	3			

Answer, page 88

			7			5		
6				9		3	8	2
	3	1						
	9		1	5		8		
			9	6	3			
		7		2	8		9	
						2	1	
8	1	5		7				6
		6			9			

Answer, page 88

	5	2	3		6	9		
				5	4		7	
7	3							
		4		8				
6		7		2		4		8
				6		5		
							2	4
	4			1	3			
		6	7		5	8	9	

Answer, page 88

	8	1	2			6	5	
9		7						2
				7	3			
1						4	2	3
6	3	5						8
			9	1				
5						9		6
	1	9			4	8	3	

36

Answer, page 88

3			4	2			5	
			1			3		
2			9			6	1	
			8				9	
	4			1			3	
	5				7			
	2	8			3			6
		5			1			
	7			5	4			9

37

Answer, page 88

	5	9				6		1
		7	9				2	
6	2			5			3	
						5		6
			5	2	8			
4		5						
	7			6			5	8
	1				7	4		
8		6				7	9	

38

Answer, page 89

9				6				
				5				8
	6	1			4		3	9
3							2	
	2		6	4	7		5	
	8							7
7	4		3			1	9	
2				9				
				1				6

39

Answer, page 89

		4	2				5	
								1
			8	7		9	6	
	9	6		4	3		8	
		8				5		
	2		6	5		3	7	
	5	2		8	6			
3								
	8				2	4		

Answer, page 89

				3				9
	7				5		8	
		6	4	9	2		1	
		3					5	
5			6		3			8
	6					4		
	1		3	4	9	6		
	2		5				9	
7				2				

41

Answer, page 89

			4		3	6		
	9			8		1		
	2	8						7
			1			8	6	
1				2				5
	4	7			6			
4						5	8	
		9		7			4	
		1	3		9			

42

Answer, page 89

			6			3		8
				9	4		7	6
			5				4	
	5		8				2	
6			3		9			5
	2				7		8	
	8				5			
7	4		9	3				
5		3			6			

43

Answer, page 89

						1	7	8
7			5		8		2	
		4			3	5		
	8		2		7			6
6			9		4		5	
		3	1			6		
	4		8		9			1
1	2	8						

Answer, page 90

	3	4	2		1	8		
			5			1		
				9	3		5	6
								5
	6	5		2		9	8	
9								
7	4		1	3				
		6			4			
		1	6		5	7	3	

45

Answer, page 90

					5	4	7	
			4			6	8	
2				8	6		5	3
3							2	
			8	2	7			
	1							6
9	2		7	6				4
	5	4			9			
	6	8	3					

Answer, page 90

9			3					2
	3	2		1		6		
7	6					1		
				6		3	2	
1				8				5
	8	6		9				
		7					3	4
		8		5		7	1	
4					1			6

47

Answer, page 90

6					1		7	
		1	6	5				
			8	4		9		
		2						3
4	6	5				2	9	7
3						6		
		8		1	6			
				3	5	7		
	9		7					5

Answer, page 90

3	7						2	
1			2	4				3
	4	2					9	
			7		6			9
	1						3	
6			4		3			
	5					2	8	
4				9	8			1
	3						6	4

49

Answer, page 90

	7	9	8	1			2	
						8	5	
			4	5		9		
1							9	
		4		3		6		
	5							1
		8		6	2			
	9	1						
	2			9	3	7	8	

Answer, page 91

						3		
6	2			4	7	5		
			9	8				2
7			1			2		
3		1		2		4		9
		2			5			7
5				7	8			
		3	6	5			7	4
		4						

51

Answer, page 91

	1			4				5
		5	8		9			2
7				6				
			3					9
		8		7		5		
1					6			
				1				4
6			9		7	3		
2				8			7	

Answer, page 91

	4		7			5	1	
		2				6		
	6				5			
				6	3			9
		7		8		2		
8			4	2				
			3				8	
		1				7		
	9	5			1		4	

53

Answer, page 91

		4				7	1	5
			6		7			
		7		2				3
	3			9	1			
	4						5	
			4	6			2	
5				7		9		
			3		4			
4	1	8				2		

Answer, page 91

	6		9			3		
	7						4	
8			6					
		6		4	1	9		
2				6				3
		1	2	5		8		
					2			6
	4						5	
		5			3		1	

55

Answer, page 91

		9						
4				7				
8	2		1	3				5
		5	9				4	
1		3				2		9
	9				8	6		
6				1	5		7	2
				6				3
						1		

56

Answer, page 92

			2					
	7				6		4	2
2					3			7
7	6	8						
	4		5		2		7	
						8	1	3
3			4					5
5	8		1				2	
					7			

57

Answer, page 92

9		7	6		3			
1							9	
	2	3	8		1			
3							4	
				5				
	9							7
			3		8	1	7	
	8							4
			9		7	5		6

Answer, page 92

		7				1		5
2	3				9			
	4					2		
		9	7					
7	5			1			4	9
					2	6		
		6					3	
			8				5	7
3		4				8		

59

Answer, page 92

	9						7	
8			5				6	
1			3	9				8
			4	5		7		
		9				5		
		5		2	3			
9				3	8			1
	2				7			3
	1						4	

Answer, page 92

7					9	6		
		4		5				
						1		9
	9	1				3	6	
			3	8	1			
	8	5				2	7	
8		3						
			6			7		
		9	1					5

61

Answer, page 92

5					1			
			3		7			8
		9		2		6		
			1				6	
	5	1		8		7	2	
	6				2			
		7		6		4		
3			8		9			
			4					5

Answer, page 93

			3				5	6
7	9		5		4			8
		8						
		2	7					
	6			5			8	
					9	6		
						1		
5			6		1		2	9
3	4				2			

Answer, page 93

	4							
		6		2	3			
3		8				4		7
		9	3				1	2
			2		6			
8	3				9	5		
1		4				2		6
			7	5		8		
							4	

Answer, page 93

	1	8					7	
9		4						2
			9				5	
				5			6	
		9	4	7	8	3		
	4			3				
	6				5			
3						5		7
	2					9	4	

65

Answer, page 93

		4	3	8			9	
								1
	3	1			9	7		
			9					8
	6	7				3	1	
2					3			
		9	8			6	5	
6								
	5			9	7	2		

Answer, page 93

9	8					7		3
			8	3				5
							2	6
2	3							
		7		4		5		
							6	4
1	2							
7				6	9			
3		9					4	8

67

Answer, page 93

	5			6				
					9		6	
	3	7			1	5		
7			1					4
			8	4	3			
2					7			1
		8	2			1	7	
	9		7					
				9			2	

Answer, page 94

	1	9						7
			6					
	7			5			3	8
	8				9			
2			7	3	6			4
			2				9	
9	3			4			5	
					8			
1						6	7	

69

Answer, page 94

9	7				2	5	4	
5					9			8
	3			8	4			
		2						
1								5
						3		
			1	2			6	
8			7					3
	6	3	9				2	7

Answer, page 94

	4			3		8	1	5
				9	7			4
		1						
					8	2		
1				4				9
		8	7					
						3		
8			2	7				
9	3	6		1			4	

Answer, page 94

		5						7
			6	8			3	
9		2						8
			4		6	7	5	
				3				
	4	3	1		9			
6						3		4
	2			9	5			
8						1		

72

Answer, page 94

		3				6		
				8	9			
	2	5	1				3	
2		9	8					
8				1				4
					4	9		6
	3				2	5	7	
			5	3				
		6				2		

73

Answer, page 94

		5	2		8			
	4	3						7
				6				1
			5		9		8	
	9			2			7	
	6		3		7			
9				1				
2						7	3	
			6		5	1		

Answer, page 95

		5		1		7		2
6			5					
	9			8			1	
	8							
4			9	6	3			8
							3	
	3			9			4	
					6			7
8		6		2		3		

75

Answer, page 95

6			2				1	
	2			8	4		3	
							6	4
				6				5
3				9				1
5				3				
2	9							
	4		3	7			2	
	6				1			7

76

Answer, page 95

			5	6			9	
5			3				2	
		2				5	1	
			6					5
4				8				9
6					9			
	4	3				9		
	9				8			7
	2			7	5			

77

Answer, page 95

5			3					7
						5	3	
9					7			
	7			4	8		6	
	5			6			1	
	3		2	1			9	
			4					8
	9	2						
8					6			3

Answer, page 95

7						8		
6					4	2		
8		9	5					
		5	7				3	
9				6				7
	1				8	5		
					2	7		1
		2	4					3
		6						9

79

Answer, page 95

				9		6		4
	3				2			7
7				6				
9		8	7			3		
		3			4	8		2
				7				5
5			9				3	
6		7		1				

Answer, page 96

		9			7			2
7		1			3			8
	4			9				
	5	3						
6								4
						1	9	
				6			8	
8			5			3		6
3			1			7		

81

Answer, page 96

		3		2			5	
		9				7		8
	2				5		9	
4			7					
1								6
					3			2
	9		1				4	
5		7			9			
	8			7		3		

82

Answer, page 96

	8						6	5
		1	6			4	8	
3				8				9
	5	6				2	1	
9				5				4
	9	8			2	1		
5	6						3	

83

Answer, page 96

8

6	7	2	4	1	5	9	3	8
8	1	9	7	2	3	6	5	4
5	3	4	6	9	8	7	1	2
1	8	7	2	6	9	5	4	3
2	4	5	1	3	7	8	6	9
9	6	3	5	8	4	2	7	1
4	9	6	3	7	2	1	8	5
7	5	8	9	4	1	3	2	6
3	2	1	8	5	6	4	9	7

9

4	1	5	2	8	9	6	7	3
2	6	3	4	5	7	9	1	8
8	7	9	6	3	1	4	5	2
3	8	7	1	6	5	2	9	4
6	9	1	3	2	4	7	8	5
5	4	2	7	9	8	1	3	6
7	2	6	8	1	3	5	4	9
9	3	4	5	7	6	8	2	1
1	5	8	9	4	2	3	6	7

10

9	6	5	3	7	4	2	1	8
1	4	2	8	5	6	7	9	3
8	7	3	2	9	1	6	4	5
7	3	1	5	4	8	9	6	2
6	5	9	7	1	2	3	8	4
2	8	4	6	3	9	1	5	7
5	2	6	1	8	7	4	3	9
3	9	7	4	6	5	8	2	1
4	1	8	9	2	3	5	7	6

11

9	1	4	6	7	5	3	8	2
7	6	2	3	9	8	5	4	1
8	3	5	2	1	4	9	6	7
4	5	6	9	3	2	1	7	8
1	2	7	8	5	6	4	9	3
3	9	8	7	4	1	2	5	6
2	8	1	5	6	9	7	3	4
6	7	9	4	2	3	8	1	5
5	4	3	1	8	7	6	2	9

12

7	2	1	6	3	4	8	5	9
3	9	5	8	2	7	4	6	1
6	4	8	1	5	9	2	3	7
9	5	2	7	6	1	3	4	8
4	7	3	5	8	2	1	9	6
1	8	6	4	9	3	7	2	5
8	1	9	3	4	6	5	7	2
2	3	7	9	1	5	6	8	4
5	6	4	2	7	8	9	1	3

13

1	9	3	5	6	8	2	4	7
6	2	7	4	1	3	5	8	9
4	5	8	2	9	7	3	1	6
3	7	9	1	8	4	6	5	2
5	6	4	3	7	2	1	9	8
2	8	1	9	5	6	7	3	4
9	1	6	7	4	5	8	2	3
8	4	2	6	3	1	9	7	5
7	3	5	8	2	9	4	6	1

14

8	6	4	7	5	9	3	1	2
2	5	7	8	3	1	6	4	9
3	9	1	4	2	6	7	8	5
1	4	6	5	7	2	8	9	3
5	2	9	3	1	8	4	6	7
7	8	3	9	6	4	2	5	1
9	7	2	6	4	5	1	3	8
6	3	8	1	9	7	5	2	4
4	1	5	2	8	3	9	7	6

15

8	7	6	1	4	2	9	5	3
9	3	4	5	7	6	2	8	1
1	2	5	3	8	9	7	6	4
7	5	8	9	2	1	3	4	6
3	9	1	7	6	4	8	2	5
6	4	2	8	3	5	1	7	9
4	1	3	2	5	7	6	9	8
2	6	9	4	1	8	5	3	7
5	8	7	6	9	3	4	1	2

16

6	8	1	9	5	2	4	3	7
2	3	5	6	7	4	9	8	1
9	7	4	8	1	3	2	6	5
5	6	3	1	8	9	7	2	4
4	9	2	3	6	7	5	1	8
8	1	7	2	4	5	6	9	3
1	4	9	7	3	6	8	5	2
7	2	8	5	9	1	3	4	6
3	5	6	4	2	8	1	7	9

17

1	3	9	6	8	7	2	5	4
8	4	6	2	5	1	3	7	9
2	5	7	4	9	3	1	6	8
5	1	4	7	3	8	9	2	6
9	8	3	5	2	6	7	4	1
7	6	2	1	4	9	5	8	3
6	2	8	9	1	5	4	3	7
3	9	5	8	7	4	6	1	2
4	7	1	3	6	2	8	9	5

18

2	1	9	4	5	6	3	8	7
4	7	3	2	8	9	6	5	1
6	8	5	3	1	7	2	4	9
3	4	6	8	7	2	9	1	5
1	9	7	6	3	5	4	2	8
5	2	8	9	4	1	7	6	3
9	3	4	1	2	8	5	7	6
7	6	1	5	9	4	8	3	2
8	5	2	7	6	3	1	9	4

19

2	9	1	7	8	4	3	5	6
3	4	5	1	6	9	2	7	8
6	7	8	5	3	2	1	9	4
5	8	2	9	4	3	6	1	7
9	6	7	2	5	1	4	8	3
4	1	3	6	7	8	9	2	5
1	5	4	3	2	7	8	6	9
7	3	9	8	1	6	5	4	2
8	2	6	4	9	5	7	3	1

20

9	8	1	5	2	4	7	3	6
4	6	5	7	3	8	1	2	9
3	2	7	9	6	1	5	4	8
1	3	2	8	9	6	4	7	5
8	9	4	1	7	5	2	6	3
5	7	6	2	4	3	9	8	1
6	4	9	3	1	2	8	5	7
2	1	8	6	5	7	3	9	4
7	5	3	4	8	9	6	1	2

21

9	8	1	2	6	5	3	7	4
4	2	3	7	8	1	9	5	6
6	7	5	4	9	3	2	1	8
7	1	4	6	3	2	8	9	5
3	9	8	1	5	4	7	6	2
5	6	2	8	7	9	1	4	3
2	5	7	9	4	8	6	3	1
1	3	9	5	2	6	4	8	7
8	4	6	3	1	7	5	2	9

22

1	2	6	8	7	4	9	3	5
8	9	5	2	1	3	6	4	7
3	4	7	5	6	9	2	8	1
5	6	2	1	4	8	3	7	9
9	1	4	3	5	7	8	2	6
7	3	8	6	9	2	5	1	4
4	8	1	9	2	5	7	6	3
6	5	3	7	8	1	4	9	2
2	7	9	4	3	6	1	5	8

23

9	7	4	1	8	5	3	2	6
8	1	3	6	4	2	9	7	5
6	5	2	3	9	7	1	4	8
2	3	7	9	6	8	5	1	4
1	9	5	4	7	3	8	6	2
4	6	8	5	2	1	7	9	3
5	2	6	8	1	9	4	3	7
3	4	9	7	5	6	2	8	1
7	8	1	2	3	4	6	5	9

24

1	8	9	5	3	4	7	6	2
4	7	6	2	1	9	8	5	3
3	2	5	7	6	8	1	4	9
6	1	4	8	2	3	5	9	7
5	9	8	6	7	1	3	2	4
2	3	7	9	4	5	6	8	1
7	6	1	4	5	2	9	3	8
8	4	3	1	9	6	2	7	5
9	5	2	3	8	7	4	1	6

25

9	6	1	3	4	5	7	8	2
8	4	5	1	2	7	3	6	9
7	3	2	9	6	8	4	5	1
5	2	8	6	7	3	9	1	4
3	1	9	8	5	4	2	7	6
4	7	6	2	1	9	8	3	5
1	8	7	5	9	2	6	4	3
2	5	3	4	8	6	1	9	7
6	9	4	7	3	1	5	2	8

26

9	6	2	4	1	3	5	7	8
7	3	1	5	8	9	6	4	2
4	8	5	2	7	6	9	1	3
1	4	3	6	9	7	8	2	5
2	9	6	8	5	4	1	3	7
8	5	7	1	3	2	4	6	9
6	7	8	3	4	5	2	9	1
5	2	9	7	6	1	3	8	4
3	1	4	9	2	8	7	5	6

27

5	6	7	4	9	3	1	2	8
3	9	4	2	8	1	5	6	7
1	8	2	5	7	6	9	4	3
8	2	1	7	6	5	3	9	4
7	3	9	1	2	4	8	5	6
4	5	6	9	3	8	2	7	1
9	1	5	3	4	7	6	8	2
6	4	3	8	5	2	7	1	9
2	7	8	6	1	9	4	3	5

28

6	2	9	8	3	5	7	4	1
8	7	5	4	1	2	3	6	9
4	3	1	9	6	7	2	8	5
1	6	8	7	2	3	9	5	4
3	4	2	6	5	9	8	1	7
5	9	7	1	8	4	6	3	2
9	5	6	3	7	1	4	2	8
7	1	3	2	4	8	5	9	6
2	8	4	5	9	6	1	7	3

29

3	2	8	7	4	6	5	9	1
1	9	6	8	5	2	3	7	4
7	5	4	9	1	3	8	6	2
9	6	7	1	2	5	4	8	3
5	3	2	4	7	8	6	1	9
4	8	1	3	6	9	7	2	5
8	4	9	6	3	1	2	5	7
6	7	5	2	9	4	1	3	8
2	1	3	5	8	7	9	4	6

30

8	2	1	4	6	9	3	7	5
3	7	4	5	8	1	9	6	2
5	6	9	7	2	3	1	8	4
1	9	8	6	4	5	7	2	3
2	5	6	3	7	8	4	1	9
7	4	3	9	1	2	8	5	6
6	3	2	1	9	7	5	4	8
4	1	5	8	3	6	2	9	7
9	8	7	2	5	4	6	3	1

31

8	6	2	5	9	4	1	7	3
3	7	1	2	6	8	9	4	5
4	9	5	1	7	3	2	8	6
7	4	9	6	3	1	8	5	2
5	3	8	7	2	9	6	1	4
2	1	6	4	8	5	3	9	7
9	5	3	8	4	6	7	2	1
6	2	4	9	1	7	5	3	8
1	8	7	3	5	2	4	6	9

32

3	4	1	2	7	6	8	9	5
5	9	8	1	3	4	2	7	6
2	7	6	5	8	9	1	4	3
8	6	7	4	9	5	3	2	1
1	5	3	7	6	2	9	8	4
4	2	9	3	1	8	6	5	7
6	3	2	9	4	7	5	1	8
7	1	5	8	2	3	4	6	9
9	8	4	6	5	1	7	3	2

33

9	6	1	4	5	8	2	7	3
2	4	3	6	7	1	9	8	5
7	8	5	9	3	2	1	4	6
4	3	9	5	2	7	6	1	8
5	7	8	1	9	6	4	3	2
1	2	6	3	8	4	7	5	9
3	9	7	2	1	5	8	6	4
8	5	4	7	6	9	3	2	1
6	1	2	8	4	3	5	9	7

34

2	8	9	7	3	6	5	4	1
6	7	4	5	9	1	3	8	2
5	3	1	8	4	2	6	7	9
4	9	2	1	5	7	8	6	3
1	5	8	9	6	3	7	2	4
3	6	7	4	2	8	1	9	5
9	4	3	6	8	5	2	1	7
8	1	5	2	7	4	9	3	6
7	2	6	3	1	9	4	5	8

35

4	5	2	3	7	6	9	8	1
9	6	1	8	5	4	3	7	2
7	3	8	2	1	9	6	4	5
5	1	4	9	8	3	2	6	7
6	9	7	5	2	1	4	3	8
2	8	3	4	6	7	5	1	9
3	7	5	6	9	8	1	2	4
8	4	9	1	3	2	7	5	6
1	2	6	7	4	5	8	9	3

36

3	8	1	2	4	9	6	5	7
9	5	7	1	8	6	3	4	2
4	2	6	5	7	3	1	8	9
1	9	8	6	5	7	4	2	3
7	4	2	3	9	8	5	6	1
6	3	5	4	2	1	7	9	8
8	6	3	9	1	5	2	7	4
5	7	4	8	3	2	9	1	6
2	1	9	7	6	4	8	3	5

37

3	1	7	4	2	6	9	5	8
5	6	9	1	7	8	3	2	4
2	8	4	9	3	5	6	1	7
7	3	1	8	6	2	4	9	5
8	4	6	5	1	9	7	3	2
9	5	2	3	4	7	8	6	1
1	2	8	7	9	3	5	4	6
4	9	5	6	8	1	2	7	3
6	7	3	2	5	4	1	8	9

38

3	5	9	2	8	4	6	7	1
1	4	7	9	3	6	8	2	5
6	2	8	7	5	1	9	3	4
2	8	3	4	7	9	5	1	6
7	6	1	5	2	8	3	4	9
4	9	5	6	1	3	2	8	7
9	7	4	3	6	2	1	5	8
5	1	2	8	9	7	4	6	3
8	3	6	1	4	5	7	9	2

39

9	5	7	8	6	3	4	1	2
4	3	2	9	5	1	7	6	8
8	6	1	2	7	4	5	3	9
3	7	4	5	8	9	6	2	1
1	2	9	6	4	7	8	5	3
6	8	5	1	3	2	9	4	7
7	4	8	3	2	6	1	9	5
2	1	6	7	9	5	3	8	4
5	9	3	4	1	8	2	7	6

40

9	6	4	2	3	1	8	5	7
8	7	5	9	6	4	2	3	1
2	1	3	8	7	5	9	6	4
5	9	6	7	4	3	1	8	2
7	3	8	1	2	9	5	4	6
4	2	1	6	5	8	3	7	9
1	5	2	4	8	6	7	9	3
3	4	9	5	1	7	6	2	8
6	8	7	3	9	2	4	1	5

41

4	5	1	7	3	8	2	6	9
9	7	2	1	6	5	3	8	4
3	8	6	4	9	2	5	1	7
1	9	3	2	8	4	7	5	6
5	4	7	6	1	3	9	2	8
2	6	8	9	5	7	4	3	1
8	1	5	3	4	9	6	7	2
6	2	4	5	7	1	8	9	3
7	3	9	8	2	6	1	4	5

42

7	1	5	4	9	3	6	2	8
6	9	4	7	8	2	1	5	3
3	2	8	6	1	5	4	9	7
9	3	2	1	5	7	8	6	4
1	8	6	9	2	4	7	3	5
5	4	7	8	3	6	9	1	2
4	7	3	2	6	1	5	8	9
2	6	9	5	7	8	3	4	1
8	5	1	3	4	9	2	7	6

43

4	9	1	6	7	2	3	5	8
8	3	5	1	9	4	2	7	6
2	6	7	5	8	3	1	4	9
3	5	4	8	6	1	9	2	7
6	7	8	3	2	9	4	1	5
1	2	9	4	5	7	6	8	3
9	8	6	2	1	5	7	3	4
7	4	2	9	3	8	5	6	1
5	1	3	7	4	6	8	9	2

44

3	5	2	4	9	6	1	7	8
7	6	9	5	1	8	3	2	4
8	1	4	7	2	3	5	6	9
4	8	5	2	3	7	9	1	6
2	9	7	6	5	1	8	4	3
6	3	1	9	8	4	7	5	2
9	7	3	1	4	2	6	8	5
5	4	6	8	7	9	2	3	1
1	2	8	3	6	5	4	9	7

45

5	3	4	2	6	1	8	9	7
6	7	9	5	4	8	1	2	3
1	8	2	7	9	3	4	5	6
8	2	3	4	1	9	6	7	5
4	6	5	3	2	7	9	8	1
9	1	7	8	5	6	3	4	2
7	4	8	1	3	2	5	6	9
3	5	6	9	7	4	2	1	8
2	9	1	6	8	5	7	3	4

46

6	8	1	9	3	5	4	7	2
5	3	9	4	7	2	6	8	1
2	4	7	1	8	6	9	5	3
3	7	5	6	4	1	8	2	9
4	9	6	8	2	7	1	3	5
8	1	2	5	9	3	7	4	6
9	2	3	7	6	8	5	1	4
7	5	4	2	1	9	3	6	8
1	6	8	3	5	4	2	9	7

47

9	4	1	3	7	6	8	5	2
8	3	2	9	1	5	6	4	7
7	6	5	2	4	8	1	9	3
5	9	4	1	6	7	3	2	8
1	7	3	4	8	2	9	6	5
2	8	6	5	9	3	4	7	1
6	1	7	8	2	9	5	3	4
3	2	8	6	5	4	7	1	9
4	5	9	7	3	1	2	8	6

48

6	8	4	3	9	1	5	7	2
9	2	1	6	5	7	8	3	4
5	3	7	8	4	2	9	1	6
8	7	2	5	6	9	1	4	3
4	6	5	1	8	3	2	9	7
3	1	9	2	7	4	6	5	8
7	5	8	4	1	6	3	2	9
2	4	6	9	3	5	7	8	1
1	9	3	7	2	8	4	6	5

49

3	7	8	9	6	1	4	2	5
1	6	9	2	4	5	8	7	3
5	4	2	3	8	7	1	9	6
2	8	3	7	1	6	5	4	9
7	1	4	8	5	9	6	3	2
6	9	5	4	2	3	7	1	8
9	5	6	1	3	4	2	8	7
4	2	7	6	9	8	3	5	1
8	3	1	5	7	2	9	6	4

50

5	7	9	8	1	6	4	2	3
4	1	6	3	2	9	8	5	7
8	3	2	4	5	7	9	1	6
1	6	7	2	4	5	3	9	8
2	8	4	9	3	1	6	7	5
9	5	3	6	7	8	2	4	1
7	4	8	5	6	2	1	3	9
3	9	1	7	8	4	5	6	2
6	2	5	1	9	3	7	8	4

51

1	9	7	5	6	2	3	4	8
6	2	8	3	4	7	5	9	1
4	3	5	9	8	1	7	6	2
7	8	6	1	9	4	2	3	5
3	5	1	7	2	6	4	8	9
9	4	2	8	3	5	6	1	7
5	6	9	4	7	8	1	2	3
2	1	3	6	5	9	8	7	4
8	7	4	2	1	3	9	5	6

52

3	1	9	7	4	2	8	6	5
4	6	5	8	3	9	7	1	2
7	8	2	1	6	5	4	9	3
5	7	6	3	2	8	1	4	9
9	2	8	4	7	1	5	3	6
1	3	4	5	9	6	2	8	7
8	9	7	2	1	3	6	5	4
6	4	1	9	5	7	3	2	8
2	5	3	6	8	4	9	7	1

53

9	4	8	7	3	6	5	1	2
5	1	2	9	4	8	6	3	7
7	6	3	2	1	5	4	9	8
1	2	4	5	6	3	8	7	9
6	3	7	1	8	9	2	5	4
8	5	9	4	2	7	1	6	3
4	7	6	3	5	2	9	8	1
3	8	1	6	9	4	7	2	5
2	9	5	8	7	1	3	4	6

54

6	2	4	8	3	9	7	1	5
3	5	1	6	4	7	8	9	2
9	8	7	1	2	5	4	6	3
8	3	2	5	9	1	6	7	4
1	4	6	7	8	2	3	5	9
7	9	5	4	6	3	1	2	8
5	6	3	2	7	8	9	4	1
2	7	9	3	1	4	5	8	6
4	1	8	9	5	6	2	3	7

55

4	6	2	9	7	5	3	8	1
5	7	9	1	3	8	6	4	2
8	1	3	6	2	4	5	9	7
7	8	6	3	4	1	9	2	5
2	5	4	8	6	9	1	7	3
9	3	1	2	5	7	8	6	4
1	9	7	5	8	2	4	3	6
3	4	8	7	1	6	2	5	9
6	2	5	4	9	3	7	1	8

91

56

3	1	9	5	8	4	7	2	6
4	5	6	2	7	9	8	3	1
8	2	7	1	3	6	4	9	5
7	6	5	9	2	1	3	4	8
1	8	3	6	4	7	2	5	9
2	9	4	3	5	8	6	1	7
6	3	8	4	1	5	9	7	2
9	4	1	7	6	2	5	8	3
5	7	2	8	9	3	1	6	4

57

6	3	4	2	7	5	9	8	1
8	7	5	9	1	6	3	4	2
2	9	1	8	4	3	5	6	7
7	6	8	3	9	1	2	5	4
1	4	3	5	8	2	6	7	9
9	5	2	7	6	4	8	1	3
3	1	6	4	2	8	7	9	5
5	8	7	1	3	9	4	2	6
4	2	9	6	5	7	1	3	8

58

9	5	7	6	2	3	4	1	8
1	6	8	4	7	5	2	9	3
4	2	3	8	9	1	7	6	5
3	7	5	2	8	9	6	4	1
8	1	4	7	5	6	3	2	9
6	9	2	1	3	4	8	5	7
5	4	9	3	6	8	1	7	2
7	8	6	5	1	2	9	3	4
2	3	1	9	4	7	5	8	6

59

6	9	7	3	2	4	1	8	5
2	3	5	1	8	9	7	6	4
1	4	8	5	6	7	2	9	3
8	6	9	7	4	3	5	2	1
7	5	2	6	1	8	3	4	9
4	1	3	9	5	2	6	7	8
5	8	6	4	7	1	9	3	2
9	2	1	8	3	6	4	5	7
3	7	4	2	9	5	8	1	6

60

6	9	2	8	1	4	3	7	5
8	4	3	5	7	2	1	6	9
1	5	7	3	9	6	4	2	8
2	3	1	4	5	9	7	8	6
4	6	9	7	8	1	5	3	2
7	8	5	6	2	3	9	1	4
9	7	4	2	3	8	6	5	1
5	2	6	1	4	7	8	9	3
3	1	8	9	6	5	2	4	7

61

7	3	8	4	1	9	6	5	2
9	1	4	2	5	6	8	3	7
5	2	6	8	7	3	1	4	9
4	9	1	5	2	7	3	6	8
2	6	7	3	8	1	5	9	4
3	8	5	6	9	4	2	7	1
8	5	3	7	4	2	9	1	6
1	4	2	9	6	5	7	8	3
6	7	9	1	3	8	4	2	5

62

5	7	8	6	4	1	3	9	2
6	2	4	3	9	7	1	5	8
1	3	9	5	2	8	6	4	7
7	8	2	1	3	4	5	6	9
4	5	1	9	8	6	7	2	3
9	6	3	7	5	2	8	1	4
8	9	7	2	6	5	4	3	1
3	4	5	8	1	9	2	7	6
2	1	6	4	7	3	9	8	5

63

2	1	4	3	9	8	7	5	6
7	9	3	5	6	4	2	1	8
6	5	8	1	2	7	9	4	3
4	3	2	7	8	6	5	9	1
1	6	9	2	5	3	4	8	7
8	7	5	4	1	9	6	3	2
9	2	6	8	3	5	1	7	4
5	8	7	6	4	1	3	2	9
3	4	1	9	7	2	8	6	5

64

2	4	1	8	9	7	6	5	3
5	7	6	4	2	3	1	8	9
3	9	8	5	6	1	4	2	7
4	6	9	3	8	5	7	1	2
7	1	5	2	4	6	9	3	8
8	3	2	1	7	9	5	6	4
1	5	4	9	3	8	2	7	6
6	2	3	7	5	4	8	9	1
9	8	7	6	1	2	3	4	5

65

5	1	8	3	6	2	4	7	9
9	7	4	5	8	1	6	3	2
2	3	6	9	4	7	1	5	8
1	8	3	2	5	9	7	6	4
6	5	9	4	7	8	3	2	1
7	4	2	1	3	6	8	9	5
4	6	7	8	9	5	2	1	3
3	9	1	6	2	4	5	8	7
8	2	5	7	1	3	9	4	6

66

7	2	4	3	8	1	5	9	6
5	9	6	7	2	4	8	3	1
8	3	1	5	6	9	7	4	2
3	1	5	9	7	6	4	2	8
9	6	7	2	4	8	3	1	5
2	4	8	1	5	3	9	6	7
4	7	9	8	1	2	6	5	3
6	8	2	4	3	5	1	7	9
1	5	3	6	9	7	2	8	4

67

9	8	5	6	2	4	7	1	3
6	1	2	8	3	7	4	9	5
4	7	3	1	9	5	8	2	6
2	3	4	5	1	6	9	8	7
8	6	7	9	4	2	5	3	1
5	9	1	7	8	3	2	6	4
1	2	6	4	5	8	3	7	9
7	4	8	3	6	9	1	5	2
3	5	9	2	7	1	6	4	8

68

4	5	9	3	6	2	7	1	8
8	2	1	5	7	9	4	6	3
6	3	7	4	8	1	5	9	2
7	8	5	1	2	6	9	3	4
9	1	6	8	4	3	2	5	7
2	4	3	9	5	7	6	8	1
5	6	8	2	3	4	1	7	9
3	9	2	7	1	5	8	4	6
1	7	4	6	9	8	3	2	5

69

5	1	9	8	2	3	4	6	7
8	2	3	6	7	4	9	1	5
6	7	4	9	5	1	2	3	8
3	8	5	4	1	9	7	2	6
2	9	1	7	3	6	5	8	4
4	6	7	2	8	5	3	9	1
9	3	6	1	4	7	8	5	2
7	5	2	3	6	8	1	4	9
1	4	8	5	9	2	6	7	3

70

9	7	8	3	1	2	5	4	6
5	1	4	6	7	9	2	3	8
2	3	6	5	8	4	7	9	1
3	5	2	8	6	1	4	7	9
1	4	9	2	3	7	6	8	5
6	8	7	4	9	5	3	1	2
7	9	5	1	2	3	8	6	4
8	2	1	7	4	6	9	5	3
4	6	3	9	5	8	1	2	7

71

7	4	9	6	3	2	8	1	5
3	8	5	1	9	7	6	2	4
6	2	1	5	8	4	9	3	7
4	6	3	9	5	8	2	7	1
1	7	2	3	4	6	5	8	9
5	9	8	7	2	1	4	6	3
2	1	7	4	6	9	3	5	8
8	5	4	2	7	3	1	9	6
9	3	6	8	1	5	7	4	2

72

3	8	5	9	4	1	2	6	7
7	1	4	6	8	2	5	3	9
9	6	2	7	5	3	4	1	8
1	9	8	4	2	6	7	5	3
2	7	6	5	3	8	9	4	1
5	4	3	1	7	9	6	8	2
6	5	9	8	1	7	3	2	4
4	2	1	3	9	5	8	7	6
8	3	7	2	6	4	1	9	5

73

1	8	3	2	5	7	6	4	9
6	7	4	3	8	9	1	5	2
9	2	5	1	4	6	8	3	7
2	4	9	8	6	3	7	1	5
8	6	7	9	1	5	3	2	4
3	5	1	7	2	4	9	8	6
4	3	8	6	9	2	5	7	1
7	9	2	5	3	1	4	6	8
5	1	6	4	7	8	2	9	3

94

74

6	1	5	2	7	8	3	9	4
8	4	3	9	5	1	2	6	7
7	2	9	4	6	3	8	5	1
1	7	2	5	4	9	6	8	3
3	9	8	1	2	6	4	7	5
5	6	4	3	8	7	9	1	2
9	3	6	7	1	2	5	4	8
2	5	1	8	9	4	7	3	6
4	8	7	6	3	5	1	2	9

75

3	4	5	6	1	9	7	8	2
6	1	8	5	7	2	4	9	3
2	9	7	3	8	4	6	1	5
5	8	3	2	4	7	9	6	1
4	2	1	9	6	3	5	7	8
7	6	9	1	5	8	2	3	4
1	3	2	7	9	5	8	4	6
9	5	4	8	3	6	1	2	7
8	7	6	4	2	1	3	5	9

76

6	3	4	2	5	9	7	1	8
7	2	1	6	8	4	5	3	9
9	5	8	7	1	3	2	6	4
4	8	9	1	6	2	3	7	5
3	7	2	8	9	5	6	4	1
5	1	6	4	3	7	8	9	2
2	9	7	5	4	6	1	8	3
1	4	5	3	7	8	9	2	6
8	6	3	9	2	1	4	5	7

77

3	1	7	5	6	2	8	9	4
5	8	4	3	9	1	7	2	6
9	6	2	8	4	7	5	1	3
2	7	9	6	1	4	3	8	5
4	5	1	2	8	3	6	7	9
6	3	8	7	5	9	1	4	2
7	4	3	1	2	6	9	5	8
1	9	5	4	3	8	2	6	7
8	2	6	9	7	5	4	3	1

78

5	1	4	3	2	9	6	8	7
7	2	6	1	8	4	5	3	9
9	8	3	6	5	7	2	4	1
2	7	1	9	4	8	3	6	5
4	5	9	7	6	3	8	1	2
6	3	8	2	1	5	7	9	4
1	6	5	4	3	2	9	7	8
3	9	2	8	7	1	4	5	6
8	4	7	5	9	6	1	2	3

79

7	5	4	3	2	9	8	1	6
6	3	1	8	7	4	2	9	5
8	2	9	5	1	6	3	7	4
2	6	5	7	4	1	9	3	8
9	8	3	2	6	5	1	4	7
4	1	7	9	3	8	5	6	2
3	4	8	6	9	2	7	5	1
1	9	2	4	5	7	6	8	3
5	7	6	1	8	3	4	2	9

80

8	2	5	3	9	7	6	1	4
4	3	6	1	8	2	9	5	7
7	9	1	4	6	5	2	8	3
9	5	8	7	2	1	3	4	6
2	6	4	8	3	9	5	7	1
1	7	3	6	5	4	8	9	2
3	4	9	2	7	8	1	6	5
5	1	2	9	4	6	7	3	8
6	8	7	5	1	3	4	2	9

81

5	3	9	4	8	7	6	1	2
7	6	1	2	5	3	9	4	8
2	4	8	6	9	1	5	7	3
1	5	3	9	2	4	8	6	7
6	9	7	8	1	5	2	3	4
4	8	2	7	3	6	1	9	5
9	7	5	3	6	2	4	8	1
8	1	4	5	7	9	3	2	6
3	2	6	1	4	8	7	5	9

82

9	1	3	8	2	7	6	5	4
6	5	4	9	3	1	7	2	8
7	2	8	6	4	5	1	9	3
4	3	2	7	9	6	8	1	5
1	7	9	2	5	8	4	3	6
8	6	5	4	1	3	9	7	2
3	9	6	1	8	2	5	4	7
5	4	7	3	6	9	2	8	1
2	8	1	5	7	4	3	6	9

83

4	8	9	1	2	7	3	6	5
2	3	1	6	9	5	4	8	7
6	7	5	8	4	3	9	2	1
3	4	7	2	8	1	6	5	9
8	5	6	4	7	9	2	1	3
9	1	2	3	5	6	8	7	4
1	2	3	7	6	4	5	9	8
7	9	8	5	3	2	1	4	6
5	6	4	9	1	8	7	3	2